内蒙古自治区地方标准

内蒙古自治区公路坡面生态防护施工技术规范

Technical Specifications for Construction of Highway Slope
Ecological Protection in Inner Mongolia Autonomous Region

DB15/T 954—2016

主编单位：内蒙古高等级公路建设开发有限责任公司
　　　　　国家环境保护创面生态修复工程技术中心
　　　　　路域生态工程有限公司
批准部门：内蒙古自治区质量技术监督局
实施日期：2016年04月15日

人民交通出版社股份有限公司

图书在版编目(CIP)数据

内蒙古自治区公路坡面生态防护施工技术规范：DB 15/T 954—2016 / 内蒙古高等级公路建设开发有限责任公司,国家环境保护创面生态修复工程技术中心,路域生态工程有限公司主编. — 北京：人民交通出版社股份有限公司, 2016.6

ISBN 978-7-114-13053-3

Ⅰ.①内… Ⅱ.①内… ②国… ③路… Ⅲ.①公路路基—边坡防护—技术规范—内蒙古 Ⅳ.①U418.5-65

中国版本图书馆CIP数据核字(2016)第121589号

标准类型：	内蒙古自治区地方标准
标准名称：	内蒙古自治区公路坡面生态防护施工技术规范
标准编号：	DB15/T 954—2016
主编单位：	内蒙古高等级公路建设开发有限责任公司
	国家环境保护创面生态修复工程技术中心
	路域生态工程有限公司
责任编辑：	张　鑫
出版发行：	人民交通出版社股份有限公司
地　　址：	(100011)北京市朝阳区安定门外外馆斜街3号
网　　址：	http://www.ccpress.com.cn
销售电话：	(010)59757973
总 经 销：	人民交通出版社股份有限公司发行部
经　　销：	各地新华书店
印　　刷：	北京市密东印刷有限公司
开　　本：	880×1230　1/16
印　　张：	0.75
字　　数：	17千
版　　次：	2016年6月　第1版
印　　次：	2016年6月　第1次印刷
书　　号：	ISBN 978-7-114-13053-3
定　　价：	15.00元

(有印刷、装订质量问题的图书，由本公司负责调换)

DB15/T 954—2016

目　次

前言 II
1 范围 1
2 规范性引用文件 1
3 术语和定义 1
4 技术分类 2
5 坡面生态防护施工技术规程 2
6 工程验收 6
附录 A（规范性附录） 交竣工验收表 7

I

前 言

本标准按照GB/T 1.1—2009给出的规则起草。

本标准由内蒙古自治区交通运输厅提出并归口。

本标准起草单位：内蒙古高等级公路建设开发有限责任公司、国家环境保护创面生态修复工程技术中心、路域生态工程有限公司。

本标准主要起草人：刘凤林、王新民、崔琳、张志耕、赵英、卜庆国、景志远、张姣、闫禄、张春禹、尹峰、刘立波、高明清、段高旗、毕涛、曹燕、刘学义、李铎、淡建军。

本标准为首次发布。

内蒙古自治区公路坡面生态防护施工技术规范

1 范围

本标准规定了内蒙古自治区公路坡面生态防护施工技术的技术分类、坡面生态防护施工技术规程与工程验收。

本标准适用于内蒙古自治区(干旱区除外)公路土质、混合质地和石质坡面的生态防护施工技术。

本标准所适用的公路坡面是按 GB 50330 和 DB15/T 473 评估后的稳定坡面。

本标准主要针对内蒙古自治区公路坡面的生态防护施工技术,其他相关坡面生态防护工程技术可以参照本标准。

2 规范性引用文件

下列文件对于本文件的应用是必不可少的。凡是注日期的引用文件,仅注日期的版本适用于本文件。凡是不注日期的引用文件,其最新版本(包括所有的修改单)适用于本文件。

GB 50330　　建筑边坡工程技术规范
JGJ 46　　施工现场临时用电安全技术规范
DB15/T 473　　内蒙古自治区公路路堑边坡设计规范

3 术语和定义

下列术语和定义适用于本文件。

3.1
植生层 vegetation-supporting layer

坡面生态防护工程中人工构建于坡面供植被生长的基质材料层,其主要成分为土壤和人工添加的辅助植生混合基材。

3.2
厚层基质喷附技术 thick layer base material spraying technology

采用专用设备将表土、植生混合基材、水与种子的混合物喷附于坡面,实现坡面植被恢复的工程技术。

3.3
植生混凝土喷附技术 vegetation concrete spraying technology

采用专用设备将混凝土、植生层材料、水与种子的混合物分层喷附于坡面,实现坡面植被恢复的工程技术。

3.4
有机混材喷附技术 organic mixed material spraying technology

采用专用设备将有机混合材料、土壤、水与种子的混合物喷附于坡面,实现坡面植被恢复的工程技术。

3.5
植生带技术 vegetation belt technology

采用专用机械设备,依据特定的生产工艺,将种子、植生混合基材按一定的密度均匀附着在可自然降解的带状材料上,形成植生带,通过坡面铺设实现坡面植被恢复的工程技术。

3.6

植生袋技术 vegetation bag technology

将植生层材料与种子装入袋状载体形成植生袋,通过坡面码放植生袋实现坡面植被恢复的工程技术。

3.7

植生毯技术 vegetation carpet technology

采用特定的生产工艺,将植生混合基材与种子植入毯状载体形成植生毯,通过坡面铺设植生毯实现坡面植被恢复的工程技术。

3.8

穴播技术 dibbling technology

在坡面开挖槽穴,通过播种方式实现坡面植被恢复的工程技术。

3.9

穴栽技术 hole planting technology

在坡面开挖槽穴,通过栽种方式实现坡面植被恢复的工程技术。

4 技术分类

4.1 坡面常用生态防护技术分为喷附类生态防护技术、植生类生态防护技术与栽植类生态防护技术。

4.2 坡面生态防护技术分类见表1。

表1 坡面生态防护技术分类表

类 别	技 术 名 称
喷附类生态防护技术	厚层基质喷附技术
	植生混凝土喷附技术
	有机混材喷附技术
植生类生态防护技术	植生带技术
	植生袋技术
	植生毯技术
栽植类生态防护技术	穴播技术
	穴栽技术

5 坡面生态防护施工技术规程

5.1 喷附类生态防护施工

5.1.1 施工准备

a) 施工前须充分熟悉设计要求;
b) 施工前须对工程项目现场进行实地踏勘;
c) 工程项目实施前需编报完善的开工报告、施工进度计划,填报分项工程技术交底记录、安全交底记录、施工日志等施工备案资料；

d) 施工单位须制定科学合理的目标管理制度、机械安全管理制度、施工现场料具管理制度、施工机具设备管理制度、施工质量管理制度、施工质量检查制度、质量问题处理制度、技术管理制度、原材料进场检验规程、工程质量（安全）事故报告和处理制度，并建立完善的工程资料归档办法。

5.1.2 机械与人员入场

a) 设备与人员到达施工现场前，须做好入场准备工作；
b) 根据总图布置设备、材料和人员有序进场；
c) 设备布局有序，线路、管路及材料放置合理、无交叉并预留充足操作空间；
d) 材料入场时进行自检，应符合设计要求；
e) 材料集中有序存放；
f) 施工现场须做好设备、材料的防雨、防火、防盗和防破坏方案及应急预案；
g) 现场临时用电应符合 JGJ 46 的要求。

5.1.3 坡面处理

a) 确定坡面作业范围，施工现场设置边界拉线；
b) 坡面施工人员须采取高空防坠落措施；
c) 大于30cm坡面凸起须进行削平处理；
d) 大于30cm坡面坑陷须进行回填处理并夯实、水浸，确保回填土稳定、无沉降；
e) 坡面局部松散层须客土夯实并采取相应的支护加固措施；
f) 雨季须采取适宜的遮蔽措施防止雨水对坡面直接冲刷；
g) 坡面与台面不得有虚土与浮渣；
h) 坡面相对平整，坡顶与坡面圆滑过渡；
i) 坡底与台面界限清晰，呈几何角度过渡。

5.1.4 锚网布设

a) 严格按照设计要求选用锚网；
b) 锚网铺设由上到下依次进行；
c) 坡面顶部锚网包裹宽度不小于60cm；
d) 坡脚锚网须与挡土墙吻合，无渗水空间；
e) 锚网横向连接重叠宽度不小于8cm；
f) 锚网纵向连接处锚网丝须缠绕串连；
g) 锚网连接处须保持平整，边缘无凸起网丝。

5.1.5 锚杆固网

a) 使用锚杆对锚网进行坡面固定，锚杆材料应为钢制；
b) 使用"Γ"形锚杆固网时，锚杆须弯头向上沿网孔垂直坡面植入；
c) 使用"∩"形锚杆固网时，锚杆须开口向下沿网孔垂直坡面植入；
d) 锚网搭接处，锚杆须兼顾多层锚网；
e) 锚固后的锚网可拉离坡面5cm～10cm为宜。

5.1.6 喷附施工

a) 植生层材料通过喷附设备喷附于坡面；

b) 采用厚层基质喷附技术时,将表土、植生混合基材、水与种子按照设计比例充分搅拌、混合均匀喷附于坡面;
c) 采用植生混凝土喷附技术时,将混凝土、植生层材料、水与种子按照设计比例充分搅拌、混合均匀分层喷附于坡面;
d) 采用有机混材喷附技术时,将有机混合材料、土壤、水与种子按照设计比例充分搅拌、混合均匀喷附于坡面;
e) 厚层基质喷附须以单层喷附逐层增加的方式保证植生层厚度;
f) 植生混凝土喷附第一层喷附材料宜采用植生混凝土,喷附厚度应为设计总厚度的1/10,第二层宜喷附种植土,喷附厚度应为设计总厚度的4/5,第三层宜喷附种植土与种子混合材料;
g) 喷附喷口须与坡面垂直,距离控制在60cm~80cm,不得侧喷、仰喷;
h) 喷附作业压力0.65MPa~0.75MPa;
i) 单管喷附管线长度不大于250m,双管喷附管线长度不大于140m;
j) 喷附须沿坡面一侧由上到下顺序依次推进;
k) 强降雨天气不宜进行喷附施工。

5.1.7 施工期养护

a) 遮阳网布设
 1) 施工完成后须立即布设遮阳网进行遮阳保墒防护;
 2) 遮阳网应纵向铺设;
 3) 遮阳网网间接幅宽度5cm~10cm为宜;
 4) 遮阳网铺设过程应避免对坡面践踏;
 5) 遮阳网须完全覆盖坡面。
b) 浇水养护
 1) 坡面施工结束12h~24h须进行浇水养护;
 2) 后期浇水养护根据坡面干湿情况确定;
 3) 浇水须沿坡面一侧由上到下顺序推进;
 4) 合理调控水流,不得在坡面形成蚀沟。
c) 摘网
 1) 摘网时间宜在禾本科植物高度3cm~5cm,豆科植物高度2cm~4cm时进行;
 2) 摘网须沿坡面一侧由上到下顺序推进。
d) 补苗
 1) 动态监测坡面植被生长状况;
 2) 坡面植被恢复未达到设计要求的坡面,须及时分析原因并采取合理的补苗措施。
e) 病虫害防治
 1) 实时监测苗期病虫害情况;
 2) 坡面病虫害防治采取预防为主、防治结合措施;
 3) 重大病虫害疫情须及时采取防治措施。

5.2 植生类生态防护施工

5.2.1 施工准备参照5.1.1执行。
5.2.2 机械与人员入场参照5.1.2执行。
5.2.3 坡面处理参照5.1.3执行。

5.2.4 植生带铺设

a) 沿坡面一侧由上到下依次铺设植生带；
b) 植生带接头处重叠宽度不小于10cm；
c) 使用锚杆对植生带进行固定，锚杆布设密度为6根/m²～8根/m²，坡面凹凸处适当加大锚杆密度；
d) 在坡顶与坡脚处对植生带边缘覆土压实；
e) 在已铺设好的植生带上均匀覆土拍实，不得露出植生带，厚度以0.3cm～0.5cm为宜；
f) 植生带的铺设、固定、覆土同步进行，严禁踩踏已经铺设好的植生带；
g) 植生带同坡面间应紧密接触，不得留有空隙；
h) 覆土后立即均匀喷水，防止土层滑落。

5.2.5 植生袋铺设

a) 沿坡面一侧由下到上依次堆叠植生袋；
b) 植生袋于坡面须错位有序堆放，并依次叠加；
c) 植生袋须与坡面贴紧，间隙不大于1cm；
d) 布设横向排列锚杆减轻下部植生袋承重，排列间隔1.5m～2.0m；
e) 植生袋堆叠完毕宜选用锚网与锚杆对植生袋进行固定；
f) 无纺布夹层植生袋对双子叶植物生长有一定影响，须慎用；
g) 纤维棉夹层植生袋对叶片较大灌木生长有一定影响，须慎用。

5.2.6 植生毯铺设参照5.2.4执行。

5.2.7 施工期养护参照5.1.7执行。

5.3 栽植类生态防护施工

5.3.1 施工准备参照5.1.1执行。

5.3.2 机械与人员入场参照5.1.2执行。

5.3.3 坡面处理

a) 在施工前须对坡面危岩、浮土体进行清除；
b) 坡面局部松散层须客土夯实并采取相应的支护加固措施。

5.3.4 穴坑穴播

a) 沿坡面一侧由上到下依次开挖穴坑，穴坑布设密度应符合设计要求；
b) 坡面穴坑开挖深度10cm～15cm；
c) 穴坑内回填植生层材料并轻度拍实；
d) 穴坑内播种植物种子，种子播种深度2cm～3cm；
e) 施工后须立即浇水，穴坑保持湿润状态直至种子发芽。

5.3.5 穴坑穴栽

a) 种植穴的开挖规格应根据苗木根系、土球及土壤条件确定，穴坑布设密度应符合设计要求；
b) 穴坑内回填植生层材料并轻度拍实；
c) 栽植植物后穴坑内回填植生层材料并轻度拍实；
d) 施工后必须立即喷水，穴坑保持湿润状态直至植物稳定成活；

e) 灌木以本地种类为主,高度尽量保持一致;
f) 根据植被状况采取适宜的修剪措施;
g) 充分考虑施工季节对植物存活的影响。

5.3.6 施工期养护

a) 施工期养护参照 5.1.7 执行;
b) 穴栽灌木须定期进行修剪,不得对公路行车安全造成影响。

6 工程验收

6.1 验收时间应选定在植物生长旺盛季节。
6.2 交竣工验收符合附录 A 的要求。

附　录　A
（规范性附录）
交竣工验收表

交竣工验收见表A.1。

表A.1　交　竣　工　验　收　表

区　域	坡　向	坡　率	交工植被覆盖度(%)	竣工植被覆盖度(%)
Ⅰ	阴坡	<1∶1.5	>80	>75
		≥1∶1.5, <1∶1	>80	>75
		≥1∶1, ≤1∶0.75	>80	>75
	阳坡	<1∶1.5	>80	>75
		≥1∶1.5, <1∶1	>75	>70
		≥1∶1, ≤1∶0.75	>75	>70
Ⅱ	阴坡	<1∶1.5	>80	>75
		≥1∶1.5, <1∶1	>75	>70
		≥1∶1, ≤1∶0.75	>75	>70
	阳坡	<1∶1.5	>75	>70
		≥1∶1.5, <1∶1	>75	>70
		≥1∶1, ≤1∶0.75	>70	>65
Ⅲ	阴坡	<1∶1.5	>75	>70
		≥1∶1.5, <1∶1	>70	>65
		≥1∶1, ≤1∶0.75	>70	>65
	阳坡	<1∶1.5	>70	>65
		≥1∶1.5, <1∶1	>70	>65
		≥1∶1, ≤1∶0.75	>65	>60